D'aut chevaux

à *l'affiche*

Texte de
Karen Briggs

Photographies de
Shawn Hamilton

Conception graphique d'Andrea Casault

Texte français de Jocelyne Henri

Éditions Scholastic

À Kibbles, pour ces 16 années de plaisir et plusieurs autres à venir.
À mes parents, qui m'ont offert mon premier poney, Tommy... et mon premier
appareil photo. Merci à mes assistants, Nicky, Lesa et Dorothy.
— Shawn Hamilton

À mes parents, qui ont supporté ma folie des chevaux.
À Toddy, mon compagnon intrépide.
— Karen Briggs

Données de catalogage avant publication de la Bibliothèque nationale du Canada

Briggs, Karen, 1963-

D'autres chevaux à l'affiche

Traduction de: Still crazy for horses.

ISBN 0-439-98777-6

1. Chevaux — Ouvrages pour la jeunesse. I. Hamilton, Shawn, 1961-
II. Henri, Jocelyne. III. Titre.

SF302.B76214 2001   j636.1   C2001-930590-7

Édition publiée par les Éditions Scholastic, 175 Hillmount Road, Markham (Ontario) L6C 1Z7.

7 6 5 4 3   Imprimé au Canada   05 06 07 08

La naissance d'un poulain

Il faut onze longs mois avant que le poulain sorte du ventre de sa mère. Habituellement, les juments mettent bas au printemps, presque toujours durant la nuit. Les chevaux étant des proies, lorsque la jument met bas en liberté, la mère et son poulain sont vulnérables aux prédateurs attirés par l'odeur du sang. La nuit, ils ont de meilleures chances de survie. Les chevaux domestiques ont conservé cet instinct même s'il est quasi improbable qu'ils soient attaqués par un couguar ou un autre prédateur. Quand la mise bas est imminente, le propriétaire de la jument s'attend donc à passer plusieurs nuits blanches dans l'écurie. Les juments sont parfois sournoises. Même si les signes avant-coureurs de la mise bas sont visibles, elles peuvent faire attendre leur maître en vain, pour ensuite donner naissance dès qu'elles se retrouvent seules. Les juments ont presque toujours un seul poulain à la fois. Il arrive qu'elles aient des jumeaux, mais ils survivent rarement.

À la naissance, le poulain tente de se lever presque immédiatement. La jument se lève, nettoie son poulain en le léchant et l'aide à se mettre debout en le poussant avec son museau. Les premières tentatives sont gauches. Le poulain n'arrive pas à garder l'équilibre sur ses pattes longues et faibles. Après quelques essais infructueux, le nouveau-né réussit à faire ses premiers pas. Dès qu'il est debout, le cordon ombilical (qui relie la jument à son poulain) se rompt.

Il est important que le nouveau-né commence à téter le lait de sa mère dès les premières heures de sa vie. Le premier lait de la mère s'appelle colostrum, comme chez les humains. Il est riche en anticorps qui

contribuent à protéger le poulain contre les maladies. Il arrive que le poulain prenne un certain temps à trouver les mamelles de la jument pour téter. Cependant, il ne s'avouera pas vaincu parce qu'il est affamé.

Au matin, le poulain est plus solide sur ses pattes. Il est prêt à suivre sa mère au trot ou au petit galop. Au bout de quelques jours, il donne déjà des ruades, joue et tourne autour de sa mère. Il ne s'éloigne jamais bien loin, car au moindre signe de danger, il se réfugie derrière sa mère.

En grandissant, le poulain prend plus d'assurance, et commence à explorer son environnement. Toutefois, il continuera à téter régulièrement jusqu'à l'âge de quatre à six mois.

À l'automne, le poulain et la jument sont prêts à se séparer. Ce processus s'appelle le sevrage, et même si les deux sont contrariés pendant un jour ou deux, cela fait partie de la croissance.

Au printemps, le poulain aura un an (un yearling), et il ressemblera plus à un adolescent dégingandé qu'à un enfant. Même si les chevaux grandissent beaucoup plus vite que les humains, il faudra encore un an ou plus avant que le poulain soit prêt à porter une selle ou un harnais. C'est à l'âge de deux ou trois ans qu'on peut commencer à le dresser.

Si tu ne connais pas l'âge de ton cheval, tu peux l'estimer en regardant ses dents. Les dents du cheval poussent durant toute sa vie, et elles changent de forme avec l'âge. Il faut de l'expérience pour arriver à déterminer l'âge d'un cheval par ses dents.

Page de droite : Tennessee Walker

Le Poney des Rocheuses

S'il t'arrive un jour de faire un voyage dans les Appalaches, loin de la civilisation, tu auras besoin d'un guide qui connaît bien le terrain. Si tu choisis le doux Poney des Rocheuses, réputé pour la sûreté de son pied, tu as toutes les chances de revenir sain et sauf. Contrairement à ce que son nom peut laisser croire, il n'est pas originaire des Rocheuses de l'Ouest américain. Comme le Tennessee Walker, un proche cousin, le Poney des Rocheuses est connu pour son allure particulière. Au lieu du trot, il se distingue par l'amble, une allure latérale unique caractérisée par un pas doux et glissé très confortable pour le cavalier. En fait, cette caractéristique en fait une monture idéale pour les débutants et les personnes âgées. Ses aplombs sont solides et stables, même sur des terrains rocailleux et escarpés. Le Poney des Rocheuses est très populaire auprès des randonneurs qui s'aventurent sur les sentiers montagneux de l'Est américain. Il est aussi la monture favorite des gardes forestiers et des policiers à cheval.

Presque tous les Poneys des Rocheuses descendent du même étalon, Old Tobe, qui appartenait à un fermier du Kentucky appelé Sam Tuttle. Old Tobe était réputé pour sa douceur et la sûreté de son pied dans les collines difficiles des Appalaches. Il a engendré de bons poulains jusqu'à l'âge avancé de 37 ans. Le Poney des Rocheuses moderne est reconnu pour sa robustesse et sa vigueur exceptionnelles, tout comme son ancêtre. Nul besoin de le dorloter ni de lui donner une nourriture de qualité supérieure pour qu'il reste en santé. Il est d'une endurance remarquable pour les longues distances. Depuis quelques années, on commence à le voir dans les exhibitions, mais c'est comme cheval de randonnée qu'il est le plus apprécié.

Le sais-tu?

La robe du Poney des Rocheuses peut être de différentes couleurs, souvent pommelée, mais la plus recherchée est la couleur chocolat foncé, avec la crinière et la queue argentées ou blondes. Il n'existe que quelques autres races à travers le monde, incluant le Shetland, qui présentent cette couleur unique de robe.

Le Frison

Le Frison noir a vraiment l'air de sortir d'un conte ou d'un roman. C'est le genre de cheval que choisirait le héros pour partir à la rescousse d'une personne en détresse! La crinière et la queue ondulées et fournies, il a fière allure; il est devenu une étoile de cirque et une vedette de l'écran. Il a cependant été élevé pour devenir un cheval d'attelage, aptitude pour laquelle il excelle encore.

Le Frison est originaire de Frise, une province au nord des Pays-Bas (Hollande). Les habitants de cette région étaient de grands amateurs de chevaux, et ils ont soigneusement préservé les caractéristiques du Frison à travers les siècles. Le Frison a été célèbre en Europe pour sa beauté, sa force et son action haute des genoux. C'était la monture préférée des rois et des reines. Il était assez robuste pour les travaux agricoles légers, mais c'est harnaché qu'il faisait la plus forte impression. Pour se distinguer, rien n'égalait un carrosse tiré par quatre Frisons noirs parfaitement assortis.

Aujourd'hui, les Hollandais sont toujours aussi rigoureux dans le maintien des caractéristiques de la race. Il ne suffit pas à un poulain Frison d'être né de parents enregistrés. Il doit aussi passer deux inspections, une lorsqu'il vient de naître et l'autre lorsqu'il a trois ans, avant d'être accepté dans le stud-book. Seuls les meilleurs servent à la reproduction, et les croisements avec d'autres types de chevaux ne sont pas permis.

Le Frison est un cheval de selle merveilleux; il devient de plus en plus populaire en Amérique du Nord comme cheval d'attelage. Il est impressionnant dans l'arène de dressage, où il semble danser avec son cavalier. Même si sa taille ne dépasse normalement pas 15,3 mains, son port majestueux lui donne un air de noblesse et le fait paraître plus imposant.

Les pieds du Frison sont recouverts de poils fins qui mettent en valeur l'action particulièrement haute de ses genoux. Il est mal vu de tailler ces poils ou de raccourcir la crinière ou la queue qui frôle souvent le sol. La robe du Frison est toujours noire, et la seule marque acceptée est une petite étoile blanche sur le front.

Le sais-tu?

Si tu veux monter un Frison ou en posséder un, il te faudra faire un peu de recherche. En Amérique du Nord, il n'y en a que 2000 environ, et ils sont très chers. Tu peux voir ces chevaux nobles aux compétitions d'attelage et de dressage et, bien sûr, dans les films, comme *Ladyhawke* et *Gladiateur*.

L'Akhal-Téké

Originaire des steppes du Turkménistan, près de la Russie, l'Akhal-Téké est l'un des chevaux les plus rares et les plus beaux. On le dirait coulé dans l'or. L'Akhal-Téké est une des races les plus anciennes, et certains auteurs prétendent qu'elle existait avant l'Arabe.

Si tu as la chance un jour de voir un Akhal-Téké, tu constateras à quel point il est exceptionnel. Il est grand, mince et élancé comme un lévrier, son encolure est longue et sa crinière et sa queue sont peu fournies. La caractéristique la plus frappante de l'Akhal-Téké est sa robe aux splendides reflets dorés. Quelle que soit sa couleur — bai, noir, isabelle, palomino ou alezan — il scintille au soleil comme s'il était fait de métal.

Pour survivre dans les régions au climat rude où la nourriture était insuffisante, les tribus nomades turkmènes avaient besoin d'une monture résistante. L'Akhal-Téké était pour elles une source de grande fierté, et il était traité comme un membre de la tribu. Jusqu'à ce jour, l'Akhal-Téké a toujours développé des liens très étroits avec son maître, mais il se méfie des inconnus. Au Turkménistan, il était réputé comme très bon juge de caractère, et on se fiait à son instinct pour établir la sincérité et la bonté d'un soupirant. Si l'Akhal-Téké de la famille n'aimait pas le prétendant, le mariage était annulé!

L'Akhal-Téké est un authentique cheval du désert doté d'une endurance exceptionnelle. Il est réputé pour son habileté à couvrir de grandes distances avec peu de nourriture ou d'eau. En l'absence de pâturage dans sa patrie d'origine, il a souvent survécu en se nourrissant de meules d'orge et de graisse de mouton. Sa rapidité, son élégance et son intelligence lui ont valu la célébrité en Russie et en Asie, mais on commence à peine à le découvrir en Amérique du Nord. À ce jour, on compte moins d'une centaine d'Akhal-Tékés au Canada et aux États-Unis. Bientôt, ce magnifique cheval ne sera plus qu'un secret de polichinelle!

Le sais-tu?

Des historiens croient que l'Akhal-Téké a pu jouer un rôle dans le développement du Pur-Sang Anglais, le cheval de course le plus rapide du monde. On sait que trois étalons arabes ont fondé la race du Pur-Sang à la fin des années 1600 : le Godolphin Arabian, le Byerly Turk et le Darley Arabian. Les recherches sur les origines du Byerly Turk nous apprennent qu'il ne s'agissait peut-être pas d'un Arabe, mais plutôt d'un Akhal-Téké, qui aurait contribué à la silhouette élancée du Pur-Sang moderne.

Le Clydesdale

Le noble Clydesdale est la fierté des Écossais. De tous les chevaux de trait, c'est le Clydesdale qui est le plus élégant et le plus racé.

Il a des marques blanches assez importantes sur la tête, sur les membres et parfois même sur le ventre. Dans les exhibitions, ce doux géant attire l'attention avec ses fanons recouverts de crins soyeux.

La race, qui existe depuis le milieu du 18e siècle, tire son nom de la rivière Clyde qui traverse la région d'Écosse, d'où elle est originaire.

Avant l'avènement du tracteur et du camion, le Clydesdale servait non seulement aux travaux agricoles, mais aussi au transport du charbon et d'autres charges lourdes dans les rues de Glasgow et d'Édinbourg, deux villes importantes d'Écosse.

Le Clydesdale est reconnu aussi pour son action relativement haute et ses gros sabots puissants, des facteurs très importants pour ne pas trébucher, pour le travail sur des rues de pierres raboteuses. Le Clydesdale est plus grand et a des membres plus longs que plusieurs autres races de trait lourd, comme le Grand Belge et le Percheron.

Il mesure 18 mains ou plus et pèse entre 700 et 1 000 kilogrammes. Certains étalons pèsent même jusqu'à 1 100 kilogrammes!

Les robes les plus fréquentes sont le bai et le rouan (poils blancs qui parsèment la robe d'une couleur foncée), mais on voit aussi des robes brunes, alezanes, noires ou même tachetées.

La face du Clydesdale est presque toujours recouverte d'une marque blanche (on dit belle face) et ses membres sont tachetés de blanc. Quand on croise un Clydesdale avec un Pur-Sang, sa progéniture hérite souvent de ses marques blanches abondantes, qui sont très appréciées pour la chasse au renard et le saut.

Le sais-tu? Tu as sûrement déjà vu un Clydesdale à la télévision, tirant une grosse charrette rouge ou galopant dans la neige. Ces chevaux sont devenus parmi les plus célèbres dans le monde entier.

Le Connemara

Le poney Connemara est renommé pour sa résistance et son habileté au saut. La race est originaire de Connemara, une région montagneuse et aride sur la côte occidentale de l'Irlande. Il y a 2 500 ans, les Celtes auraient été les premiers à débarquer des poneys pour tirer leurs chars de guerre.

Dans les années 1700, des croisements avec l'Arabe et le Pur-Sang ont donné plus d'élégance au poney autochtone. Le Connemara moderne a la tête fine et petite, preuve de la forte influence de l'Arabe.

Le Connemara est un travailleur énergique et résistant. Ces derniers siècles, les fermiers irlandais comptaient du matin au soir sur ce poney robuste pour labourer la terre, tirer les charrettes, transporter les algues servant à la fertilisation des champs ou la tourbe utilisée comme combustible et pour conduire la famille à l'église le dimanche. Et comme si ce n'était pas suffisant, les fermiers les utilisaient souvent pour leurs loisirs, dont la chasse au renard et la course. La facilité avec laquelle le Connemara exécute ces tâches, même de nos jours, confirme sa résistance naturelle.

Le Connemara, le plus grand des neuf poneys autochtones britanniques (entre 13 et 14,2 mains, et certains de la taille d'un cheval), a produit des sauteurs et des montures de compétition hors pair, qui ont rivalisé avec des chevaux beaucoup plus gros. The Nugget, un Connemara mesurant 15 mains, a remporté le championnat des sauts en franchissant une barrière de 2,18 mètres, lors de l'Olympia Horse Show de Londres en Angleterre, en 1935. Il était âgé de 22 ans! Stroller, le célèbre sauteur de 14,1 mains, médaillé d'argent aux Jeux Olympiques de 1968, était issu d'un croisement avec un Connemara. Durant les années 1990, le petit étalon Connemara, Erin Go Bragh, monté par Carol Koslowski, a été un compétiteur des plus tenaces au concours de haut niveau (d'une durée de trois jours), qui s'est tenu aux États-Unis.

Les robes les plus répandues sont le gris et l'isabelle, mais aussi le noir, l'alezan, le bai et le tacheté. L'inclinaison des épaules donne au Connemara une aptitude naturelle au saut, et ses canons résistants le protège des blessures. Il est aussi réputé pour son caractère doux. Sa popularité auprès des enfants et des adultes s'est accrue partout dans le monde. Il y a maintenant des *Connemara Pony Breeders Societies* dans au moins 17 pays, sur 4 continents.

Le sais-tu?

Depuis 1924, le plus grand rassemblement de poneys Connemara du monde se tient chaque année au mois d'août, au *Clifden Connemara Show*, en Irlande. Plus de 400 poneys provenant de toutes les régions de l'île d'Émeraude en font partie.

Le Bashkir Curly

Tu as déjà vu un cheval au pelage bouclé avec des cils ondulés et des poils frisés sur les oreilles? Eh bien, il s'agit du Bashkir Curly (ou Bashkir américain), ce qui explique son nom qui veut dire « frisé ».

Personne ne sait exactement d'où lui vient ce pelage ébouriffé. On sait toutefois qu'il a été découvert en 1898 par le jeune Peter Damele et son père, alors qu'ils vivaient dans le centre du Nevada. Lors d'une balade à cheval dans les montagnes, ils ont rencontré trois de ces spécimens uniques et ont décidé d'en capturer un. Il a fait preuve de capacités variées, en plus d'être intelligent et efficace à la ferme.

Ces chevaux au pelage marron n'avaient pas seulement une allure inhabituelle. Ils pouvaient aussi survivre aux hivers extrêmes, mieux que n'importe quel autre cheval. C'est ainsi que les Damele ont décidé d'en faire l'élevage. Ils ont nommé la race Bashkir Curly parce qu'ils avaient entendu parler d'un poney russe appelé Bashkir, bouclé lui aussi.

Le Bashkir Curly moderne est populaire pour garder le bétail et pour la selle. En plus d'être résistant, il est intelligent et amical. Sa robe peut être baie, alezane, isabelle ou tachetée. En hiver, il paraît plus bouclé parce que son pelage est plus long. En été, il arrive qu'il perde les poils de sa crinière, et parfois, de sa queue, mais ils repoussent dès qu'il fait froid. C'est un cheval petit et compact, mesurant habituellement entre 14 et 15 mains. La forme de son corps ressemble à celle du Morgan, mais on le distingue d'abord par ses boucles riches et abondantes.

Le sais-tu? Si tu es allergique au crin de cheval, le Bashkir Curly est le cheval idéal pour toi! Les personnes allergiques aux chevaux peuvent monter un Bashkir Curly sans problème.

Le Haflinger

En hiver, si tu vivais dans les Alpes tyroliennes, une région montagneuse escarpée de l'Autriche et du nord de l'Italie, il te faudrait des skis pour te déplacer. Mais en été, le Haflinger, un robuste poney au pied sûr, serait le meilleur moyen de transport.

Le Haflinger, qui tient son nom de la ville de Hafling en Autriche, est un poney de montagne.

Il peut franchir des sentiers étroits et sinueux en portant un cavalier ou une lourde charge. Il peut aussi tirer une charrette partout où la chaussée est assez large. Il est bâti comme un cheval de trait miniature; son poitrail ample, sa résistance et sa puissance lui permettent de survivre en se nourrissant des plantes qui poussent entre les rochers.

Pendant des siècles, le poney Haflinger a été le seul moyen de transport fiable pour les paysans qui vivaient dans les Alpes, et on le traitait comme un membre de la famille. Il a développé un tempérament indulgent et amical qui demeure une de ses caractéristiques les plus prisées.

Le Haflinger n'est pas seulement serviable; il est aussi un très beau poney! Il a une belle robe alezan doré, plus ou moins claire, et une crinière et une queue blondes très fournies. Cette robe remarquable le rend facile à reconnaître partout dans le monde.

Les Haflingers modernes descendent tous du même étalon, Folie, qui avait du sang arabe. Les descendants de Folie se divisent en sept familles différentes, toutes inscrites dans le stud-book de la race depuis 1874.

La puissance et la souplesse du Haflinger sont surprenantes pour sa taille (entre 13,2 et 14,3 mains). Il est populaire à travers le monde comme poney de trait moyen et d'attelage. Il est très agréable à monter, et convient autant aux enfants qu'aux adultes. Il est très astucieux et intelligent, des qualités qu'il a héritées de ses ancêtres.

Le sais tu?

Les Autrichiens sont très fiers de leur poney Haflinger. Lors de la parade quotidienne organisée à la *National Stud Farm*, appelée *Fohlenhof Ebbs*, on peut voir plus de 180 étalons, juments et poulains Haflinger démontrer leurs habiletés au dressage, au saut et à l'attelage.

Fjord norvégien

L'Exmoor

Il y a quelques millénaires, l'Angleterre était couverte de landes marécageuses et de forêts, de vastes plaines et de montagnes. On y trouvait aussi des mammouths, des ours énormes et d'autres animaux préhistoriques. Parmi ces créatures féroces vivait un petit poney agile qui a réussi à survivre à ses prédateurs grâce à son intelligence et à sa rapidité.

À quoi ressemblait-il? Les scientifiques pensent que l'Exmoor moderne ressemble beaucoup à son ancêtre préhistorique.

L'Exmoor est une région isolée, balayée par le vent et la pluie et connue pour ses hivers rigoureux. La morphologie et le caractère du poney indigène ont donc été façonnés pour survivre à ces conditions extrêmes. Son pelage double d'hiver lui fournit l'isolation (comme un sous-vêtement thermique) et l'imperméabilité (comme un imperméable). Sa queue, dont la base est faite de poils courts et rêches, le protège de la pluie et de la neige. Ses yeux de grenouille à la paupière supérieure proéminente, une caractéristique unique de la race, le protègent du vent et de la pluie.

Il y a à peine un demi-siècle, l'Exmoor était menacé d'extinction. Durant les années difficiles de la Deuxième Guerre mondiale (1939-1945), les poneys ont été négligés. Ils servaient de nourriture aux familles affamées et de cibles lors d'exercices de tir de l'armée! En 1945, il restait à peine 50 Exmoors de pure race. Grâce au dévouement de quelques éleveurs, ils ont pu survivre. À ce jour, on en compte seulement 1 200 à travers le monde, mais de plus en plus de gens découvrent leurs charmes.

Ce petit poney mesure à peine 12,3 mains et pèse en moyenne 318 kilogrammes. Sa robe peut être baie, bai brun ou souris, mais le bout du nez, le tour des yeux et le ventre sont de couleur claire. Sa couleur, qui l'aidait à se fondre dans son environnement hostile, est encore utile aux quelques centaines d'Exmoors indigènes d'aujourd'hui qui vivent en liberté dans les landes marécageuses.

Chaque automne, les troupeaux sont rassemblés et examinés pour le marquage et l'enregistrement. Seuls les poulains dont la conformation et la couleur de la robe sont les mêmes que celles des poneys ancestraux méritent l'étoile à quatre pointes de la *Exmoor Pony Society*.

Le sais tu?

Même s'il est petit, l'Exmoor est exceptionnellement robuste et peut facilement porter un cavalier adulte pesant plus de 77 kilogrammes.

Le Hackney

Aujourd'hui, si on veut attirer l'attention, on n'a qu'à conduire une auto sport. Mais dans les années 1800, monter un Hackney, au trot relevé et spectaculaire, était la meilleure manière de se faire remarquer.

Le Hackney et son cousin miniature, le poney Hackney, sont originaires d'Angleterre, où ils furent élevés pour produire un cheval d'attelage élégant. Avec l'expansion des villes et l'amélioration des routes, le cheval d'attelage robuste mais lent a perdu sa popularité. On voulait un cheval plus léger et plus rapide pour conduire les gens à destination avec élégance. Le Hackney, qui a fière allure, était tout indiqué. Il tire son nom des voitures de location « hackney » (comme les taxis modernes). La popularité du Hackney a été instantanée auprès des gens de la haute société, qui aimaient atteler leurs plus beaux spécimens pour déambuler avec panache dans les rues et les parcs de Londres.

Plusieurs races ont contribué à améliorer le Hackney. Il a tiré sa beauté, sa délicatesse et sa vigueur du Pur-Sang et de l'Arabe, et son action au trot du Frison et du trotteur Norfolk (une race extincte). Dans les années 1880, un homme du nom de Christopher Wilson, responsable du développement du poney Hackney, a accouplé uniquement de petites juments avec son étalon Hackney de 14 mains, Sir George. De nos jours, les poneys hackneys dépassent en nombre les chevaux hackneys dans une proportion de 20 contre 1.

Le cheval et le poney Hackney sont encore très populaires dans les exhibitions. Ce sont les spécialistes du harnais. Leur caractère vif et alerte laisse une forte impression aux juges. La robe de la plupart des Hackneys est baie, ce qui facilite l'assortiment des chevaux ou des poneys destinés à la même équipe. Il arrive que la robe soit alezane, noire ou même tachetée. Leur port altier, leur petite tête parfois convexe et leur action relevée au trot en font de vrais aristocrates de l'arène.

Le sais-tu?

Certains Hackneys portent la queue très courte. C'était le style du cheval d'attelage prisé des années 1800. Heureusement, cette pratique tend à disparaître de nos jours, puisqu'elle prive l'animal de sa protection naturelle contre les mouches.

Le Mustang

Rien n'est plus excitant que la vue d'une harde de Mustangs traversant les plaines et les canyons de l'Ouest américain. Tu crois peut-être que les Mustangs ont toujours galopé en liberté dans les plaines isolées de l'Ouest, mais ce n'est pas réellement le cas. Bien que des fossiles nous démontrent que les chevaux modernes seraient originaires de l'Amérique du Nord, ils ont disparu mystérieusement il y a environ 10 000 ans. C'est seulement dans les années 1500, quand les Espagnols ont envahi l'Amérique du Nord, que les chevaux ont été réintroduits dans ce continent.

Au cours des années pendant lesquelles les Espagnols exploraient l'Amérique du Nord, ils ont importé de plus en plus de chevaux Andalous. Les Indiens ont vite surmonté la crainte inspirée par ces créatures mystérieuses. Ils ont constaté à quel point elles étaient utiles, et se sont mis à les voler aux Espagnols chaque fois qu'ils en avaient l'occasion. Certains de ces chevaux se sont enfuis et sont retournés à l'état sauvage. On finit par leur donner le nom de Mustangs, dérivé de l'espagnol *mestaño*, qui signifie cheval errant ou sans propriétaire.

De nos jours, le Mustang transporte dans ses veines le sang de plusieurs races différentes. C'est pourquoi la morphologie, la taille et la couleur du Mustang moderne diffèrent autant. Cependant, deux qualités sont propres à tous les Mustangs : l'intelligence et l'endurance. Seuls les plus résistants et les plus rusés réussissent à survivre aux hivers quand la nourriture est rare et les abris, inexistants.

Au début du siècle, on comptait environ deux millions de Mustangs sauvages dans l'Ouest américain. Mais les propriétaires de ranch qui colonisaient ces terres ont voulu clôturer la prairie pour leur bétail. Les Mustangs qui s'y nourrissaient étant devenus une menace, ils les ont rassemblés et tués. En 1970, il en restait à peine 17 000, et on commençait à craindre qu'ils disparaissent à jamais. Les gouvernements américain et canadien ont alors pris des mesures pour les protéger. Ils ont créé des réserves naturelles où les Mustangs pouvaient errer en liberté.

Le sais-tu?

Au Kentucky Horse Park de Lexington, 24 très jeunes Mustangs ont été retirés des réserves du Wyoming puis adoptés, grâce au programme du *Bureau of Land Management*. Des enfants des zones urbaines, dont plusieurs n'ont jamais approché un cheval, sont choisis pour travailler avec les Mustangs, leur prodiguer des soins et apprendre à les monter. Cette équipe, qui s'appelle la *Kentucky Horse Park's Mustang Troop Drill Team*, a participé à des parades et à des événements importants à travers les États-Unis. Les enfants au service des chevaux, et les chevaux au service des enfants!

Le Poney Newfoundland

Les premiers colons qui débarquèrent sur l'île rocheuse de Terre-Neuve, sur la côte est du Canada, avaient avec eux des poneys robustes pour les aider à défricher la terre. D'après les historiens, la présence des poneys Exmoor, Dartmoor, Welsh Mountain, Fell, Highland et Connemara dans l'île, à travers les siècles, ne fait aucun doute. Les différents apports de sang ont fini par produire le hardi Poney Newfoundland moderne, très bien adapté à la rigueur de l'environnement. Le Poney Newfoundland n'est ni gros, ni petit. Son allure n'est pas relevée, et ce n'est pas une monture d'exhibition, mais il peut travailler sans relâche toute la journée et se contenter de maigres pâturages sans jamais se plaindre.

Jusque dans les années 1950, le Poney Newfoundland a fait partie de la vie quotidienne de l'île. Il traînait des rondins, transportait du bois de chauffage et des algues destinées à la fertilisation des champs et déplaçait des rocs pour les fermiers et les pêcheurs. Quand on n'en avait plus besoin, on le libérait pour qu'il se débrouille seul.

À Terre-Neuve, le sol est pauvre et il est difficile de gagner sa vie avec l'agriculture.

Alors, quand les réserves de poisson ont diminué, la population qui vivait de la pêche devait penser à sa propre survie. Découragés, plusieurs propriétaires de poneys, qui réussissaient à peine à survivre avec ce qu'ils tiraient de la terre et de l'océan, ont vendu leurs poneys à l'industrie de la nourriture canine. En 1997, on ne comptait plus que 144 poneys Newfoundland à travers le monde, et plusieurs d'entre eux étaient des hongres et des juments âgées, inaptes à la reproduction.

Finalement, le gouvernement de Terre-Neuve a pris des mesures pour faire du poney Newfoundland une race patrimoniale, tout en votant des lois réglementant l'enregistrement et la protection. Depuis ce temps, le nombre de poneys Newfoundland ne cesse d'augmenter, tant à Terre-Neuve qu'ailleurs en Amérique du Nord.

La taille du poney Newfoundland peut varier entre 11 et 14,2 mains. Les robes sont variées, incluant la tachetée. Le poney Newfoundland est docile et calme, et consomme peu de nourriture, des caractéristiques propres à la race.

Le sais-tu?

En 2000, Mary Liebau, une passionnée des poneys Newfoundland, a traversé l'île de Terre-Neuve accompagnée de ses deux poneys Newfoundland et de son chien. Le but de ce voyage, d'une durée de cinq mois, était d'amasser des fonds et d'éveiller l'intérêt pour cette race robuste et unique.

L'Australian Stock Horse

Quand les premiers colons européens ont débarqué sur les rives de l'Australie en 1788, ils ont amené des chevaux pour les aider à défricher. Il y avait des Pur-Sang d'Angleterre, des Andalous d'Espagne, des Arabes du désert, et des poneys Welsh et Indonésiens robustes. Ils n'ont pas tous survécu au dur voyage en mer, mais ceux qui y sont parvenus avaient une endurance exceptionnelle.

Avec le temps, les apports de sang de ces différents types de chevaux et de poneys ont réussi à créer un cheval de selle australien unique, robuste et vigoureux. Les colons, les forçats réfugiés dans la brousse et les gardiens de bestiaux s'en servaient pour franchir de longues distances sur des terrains accidentés. Ils l'ont baptisé Waler, d'après le nom de la colonie de la Nouvelle-Galles du Sud (New South Wales), et l'ont plus tard dénommé l'Australian Stock Horse.

C'est comme cheval de cavalerie que l'Australian Stock Horse s'est fait un nom dans les années 1800. En 1857, l'armée britannique envoyait en Inde quelques-uns de ses chevaux résistants. Elle n'a pas tardé à s'apercevoir qu'ils étaient plus endurants et plus sains que les chevaux autochtones. Pour ses divisions de cavalerie, l'armée a opté pour les chevaux australiens, de préférence à tous les autres. Les Walers ont été les montures préférées des armées qui ont combattu durant la guerre sanglante des Boers, en Afrique du Sud, au tournant du siècle dernier. Plus de 160 000 chevaux ont perdu la vie au combat pendant la Première Guerre mondiale.

De nos jours, on utilise l'Australian Stock Horse pour garder le bétail et pour la selle. Les éleveurs de moutons des campagnes australiennes le considèrent comme le meilleur moyen de transport pour inspecter les troupeaux dispersés dans les vastes prairies. L'intelligence et la rapidité de l'Australian Stock Horse le rendent populaire aux jeux de polo et de polocrosse (un sport qui combine le polo et la crosse).

Le sais-tu?

L'Australian Stock Horse a volé la vedette lors des cérémonies d'ouverture des Jeux Olympiques de Sydney de 2000. Dans le stade principal, 120 montures et leurs cavaliers, âgés de 15 à 77 ans, ont ouvert les Jeux en formant les cinq anneaux olympiques et d'autres formations. Ce spectacle représente la plus grande parade de cavalerie musicale jamais assemblée.

Le Percheron et le Grand Belge

Attelé à une charrette, le puissant Percheron peut sembler à l'aise, mais son élégance et sa prestance révèlent son héritage de l'époque médiévale, comme destrier qui menait à la bataille les chevaliers en armure. Ses ancêtres ont combattu dans les Croisades, ces guerres religieuses qui ont duré des siècles. Quand les guerres ont pris fin, ce cheval de trait lourd, pesant plus de 700 kilogrammes, est devenu un cheval de ferme. Grâce à sa force extraordinaire, il accomplissait toutes sortes de tâches.

Le Percheron moderne est originaire du Perche, une région de la France. Dès les années 1700, on le trouvait partout à travers l'Europe. Le premier Percheron a été exporté aux États-Unis en 1839. La race est devenue très prisée par les fermiers nord-américains. En 1930, on comptait trois fois plus de Percherons enregistrés aux États-Unis que toutes les autres races de trait réunies.

Même s'il a perdu sa popularité à la ferme depuis l'apparition du tracteur, le Percheron a encore la vedette aujourd'hui dans les concours d'attelage. En équipes de quatre, six ou même huit chevaux, ils tirent des répliques de gros chariots de bière d'antan. Le Percheron est un excellent cheval de selle et un sauteur étonnant et gracieux. Sa robe est presque toujours noire ou grise, parfois alezane, baie ou rouanne. Le Percheron mesure entre 16 et 18 mains. Il est très musclé et docile, des atouts importants pour le travail.

Le Grand Belge, de morphologie semblable mais souvent plus grand, est une race originaire de Belgique, pays aux fermes fertiles à l'ouest de l'Europe. Pesant jusqu'à une tonne et mesurant jusqu'à 18 mains, c'est un authentique cheval de trait, bâti pour tirer de lourdes charges. Ne te laisse pas impressionner par sa taille, car sous sa robe alezane et sa crinière épaisse se cache l'âme d'un géant très doux.

En Europe et en Amérique du Nord, on trouve encore aujourd'hui des Grands Belges qui travaillent aux champs. Ils sont populaires dans les communautés Amiches et Mennonites, qui préfèrent les méthodes traditionnelles aux méthodes modernes. On fait aussi appel à eux pour sortir des rondins des régions boisées et denses où les tracteurs et les camions n'ont pas accès. Si tu veux voir le Grand Belge, tu devras aller aux concours d'attelage, aux exhibitions ou aux parades. La robe de tous les Grands Belges étant de la même couleur, il est facile de réunir une équipe bien assortie. Si quatre Grands Belges ou plus passent en vitesse près de toi, tu sentiras le sol trembler!

Le sais-tu? On croise parfois le Percheron avec l'Andalou, un cheval espagnol, pour produire une race nommée le Trait Spanish-Norman, une réplique du destrier de l'Europe médiévale.

Le Trakehner

Le magnifique Trakehner est un authentique survivant. Il a été élevé comme cheval de guerre, et c'est à cause de la guerre que la race s'est presque éteinte.

Au début des années 1700, Frédéric 1er de Prusse (Prusse-Orientale, aujourd'hui la Pologne) voulait un cheval de cavalerie plus léger et plus rapide pour ses troupes. Il a fondé un haras royal à Trakehner, et y a croisé des étalons arabes et pur-sang avec des juments allemandes beaucoup plus lourdes pour créer un cheval élégant aux longues foulées. Cette nouvelle race, le Trakehner, était si intelligente, robuste et polyvalente qu'elle est vite devenue la préférée de l'armée royale. Le Trakehner excellait aussi dans les sauts, les courses d'endurance et le dressage.

Quand la Deuxième Guerre mondiale a éclaté, l'avenir du Trakehner a été menacé parce que le haras royal se trouvait en plein centre de la bataille.

Durant le terrible hiver de 1945, les armées russes gagnaient du terrain et se rapprochaient du haras. Pour sauver leurs chevaux bien-aimés, la plupart des hommes étant à la bataille, les femmes et les enfants ont attelé les Trakehners à des charrettes remplies de nourriture et d'effets personnels, et se sont enfuis vers l'Ouest. Le voyage d'une durée de 1 000 kilomètres a été exténuant.

Seulement 100 des 800 chevaux sont parvenus à destination, dont plusieurs souffraient de famine ou de blessures causées par des éclats d'obus.

À la fin de la guerre, le gouvernement allemand a pris des mesures pour restaurer le haras et reconstituer la race.

Le Trakehner moderne est élevé partout dans le monde. Il est prisé par certains des plus grands cavaliers du monde pour les épreuves de saut, de dressage et les concours de haut niveau (d'une durée de trois jours). Il a également participé à plusieurs Jeux Olympiques et autres compétitions internationales.

Le Trakehner mesure entre 15,2 et 17,2 mains. Les robes sombres sont les plus répandues. Il est réputé pour son action ample et élastique, qui donne l'impression qu'il flotte sans toucher terre.

Le sais-tu?

Ahdullah, un grand étalon gris canadien, est un des plus célèbres Trakehners de tous les temps. Monté par Conrad Homfeld, il a représenté le Canada aux Jeux Olympiques de 1984, à Los Angeles, et a remporté la médaille d'or pour l'épreuve en équipe et la médaille d'argent pour le saut individuel. Il est ensuite devenu un géniteur de sauteurs fort réputé. Plus récemment, la jument Trakehner Larissa, montée par Bruce Mandeville, a représenté le Canada dans le concours de haut niveau, aux Jeux Olympiques de 2000, en Australie.

Le Tennessee Walker

Si tu aimes te promener à cheval sans être ballotté, tu ne pourras pas résister au pas doux et glissé du Tennessee Walker. Une de ses allures particulières est le running walk, dans laquelle le cavalier est presque immobile. En fait, les férus de cette race élevée aux États-Unis se vantent de pouvoir le monter en buvant une tasse de café sans en renverser une goutte.

À l'origine, le Tennessee Walker fut développé par les riches planteurs du Tennessee, comme le fut le Selle Américain dans les États du sud. Les planteurs voulaient un cheval de travail vigoureux destiné aux inspections des plantations, et une monture confortable et facile à manier pour les cavaliers moins habiles. Plusieurs races ont transmis leurs qualités au Tennessee Walker, dont le Morgan, le Trotteur Américain, le Pur-Sang Anglais, l'Ambleur Canadien, et le Narrangansett aujourd'hui disparu. Personne ne sait de quelle race lui est venu le running walk, mais cette allure est innée à tous les Tennessee Walkers. Le Tennessee Walker peut maintenir son allure à quatre temps durant des heures sans se fatiguer, et atteindre une vitesse de 10 à 20 kilomètres à l'heure, rythmant sa cadence en hochant la tête.

Le Tennessee Walker est si confortable qu'il est vite devenu la monture préférée des médecins de campagne et des prédicateurs ambulants qui devaient parcourir de longues distances. Aujourd'hui, les cavaliers apprécient son pas doux et son tempérament tranquille et docile. C'est la monture idéale pour les blessés ou les handicapés qui peuvent le monter sans douleurs.

Le Tennessee Walker mesure entre 14,3 et 17 mains et pèse jusqu'à 500 kilogrammes. Toutes les robes sont admises, incluant la tachetée, et la crinière et la queue sont longues et fournies. Il ne boite que très rarement, et vit facilement jusque dans la trentaine avancée. C'est dans le sud des États-Unis qu'il est le plus populaire, mais la ferveur pour son allure toute en douceur se répand de plus en plus à travers le monde.

Le sais-tu?

Le Tennessee Walker est surtout un cheval de selle, mais certains sont destinés aux exhibitions. Ces chevaux portent des coussins lourds aux sabots pour rehausser leur action haute et naturelle. Dans le passé, les entraîneurs utilisaient des méthodes cruelles pour encourager la fougue et le pas relevé de leurs chevaux d'exhibition, mais heureusement des règlements interdisent maintenant ces pratiques. La majorité des amateurs du Tennessee Walker préfèrent l'allure naturelle du cheval, sans l'ajout de moyens artificiels.

Voir la photo du Tennessee Walker à la page 3.

Le Fjord Norvégien

Un fjord est un étroit canal ou un port entouré de hautes falaises. C'est une caractéristique des côtes de la Norvège et de la Scandinavie, patrie du Fjord Norvégien. Ce dernier ressemble beaucoup aux chevaux peints sur les parois des grottes de l'époque glaciaire, il y a plus de trente mille ans.

Considéré comme l'une des races les plus anciennes et les plus pures du monde, le Fjord est domestiqué depuis plus de 4 000 ans. Les Vikings préféraient cette monture à toutes les autres pour leurs expéditions guerrières.

Le Fjord est encore répandu en Norvège, mais il est également populaire dans beaucoup d'autres pays du monde, même si les chevaux de guerre ne sont plus en demande.

Le Fjord Norvégien moderne possède plusieurs des caractéristiques des chevaux primitifs sauvages d'Asie, desquels on pense qu'il descend. Il a une robe isabelle, plus ou moins claire, une raie noire, appelée raie de mulet, allant du toupet au bout de la queue, et des zébrures sur les membres. Sa crinière est unique : la raie médiane est noire et les crins latéraux sont argentés. Les férus du Fjord lui rasent la crinière en arrondi. Ils taillent les crins latéraux un peu plus courts que la raie médiane noire, pour mettre la crinière en évidence.

Le Fjord mesure entre 13 et 15 mains. Son corps est compact et musclé. Il pèse en moyenne entre 400 et 550 kilogrammes. Sa tête est harmonieuse avec un profil parfois légèrement concave, suggérant l'influence lointaine de sang arabe.

Le Fjord est réputé pour sa gentillesse, son excellent caractère avec les humains et ses qualités d'inlassable travailleur.

En Norvège et ailleurs en Scandinavie, il est populaire pour l'équitation et l'attelage. Il est aussi très utile pour les travaux agricoles dans les régions montagneuses et escarpées.

Le sais-tu?

À la naissance, la robe des Fjords Norvégiens est de couleur claire, presque argentée. En vieillissant, elle devient isabelle.

Voir la photo du Fjord Norvégien à la double page centrale.

Héros méconnus

Si tu aimes les chevaux et voudrais mieux les connaître, la meilleure manière est de prendre des leçons d'équitation. À l'écurie, tu verras plusieurs sortes de chevaux et de poneys, petits ou très gros, qui répondent aux besoins des cavaliers de toutes tailles. Ne t'attends pas à voir les chevaux sauvages de tes rêves, sinon tu seras déçu. Il n'y aura probablement pas d'étalons Arabes gris et fougueux ou de Frisons noirs imposants. Ces chevaux sont habituellement destinés aux cavaliers professionnels ayant plusieurs années d'expérience.

Les chevaux et les poneys utilisés pour les leçons d'équitation (on les appelle habituellement chevaux d'école) sont choisis pour leur patience, leur docilité et leur douceur avec les enfants. Ce ne sont pas des montures majestueuses de race pure. En fait, ils sont souvent le résultat d'un mélange de différentes races. Ce ne sont pas non plus de prestigieux chevaux d'exhibitions à la crinière décorée de rubans, ni des sauteurs qui volent au-dessus des obstacles, ni des coureurs qui rivalisent avec les rapides Pur-Sang. Malgré leur manque d'éclat et de rapidité, ils sont des maîtres exceptionnels!

Il faut un cheval ou un poney vraiment remarquable pour enseigner l'équitation à un débutant. Tous les chevaux n'ont pas la patience de supporter les erreurs involontaires commises par un novice. Les chevaux d'école ont souvent vingt et même trente ans, et ils ont déjà enseigné à des centaines d'élèves. Les professeurs d'équitation savent qu'un bon cheval d'école vaut son pesant d'or, même s'il est loin d'être gracieux et que son pedigree n'est pas très éloquent.

Sauvage et libre

Selon les zoologistes, les scientifiques qui étudient les animaux, il ne reste qu'une seule race de chevaux sauvages véritables dans le monde.

Le Cheval de Prjewalski, une créature primitive ressemblant à un mulet qui erre dans les plaines et les montagnes isolées de la Mongolie et de la Chine, est considéré comme l'ancêtre de tous les chevaux modernes. Même si on en trouve quelques-uns dans les zoos, les Chevaux de Prjewalski n'ont jamais été domestiqués par les humains. Ils demeurent aussi sauvages et impossibles à monter aujourd'hui qu'ils l'étaient il y a des millénaires.

D'autres types de chevaux et de poneys sauvages sont en fait les descendants de chevaux domestiques qui se sont enfuis et sont retournés à l'état sauvage. Même si leurs arrière-arrière-arrière-grands-parents ont été utilisés par les humains, en selle ou harnachés, les chevaux ensauvagés se comportent de la même manière que les chevaux sauvages véritables. Ils se regroupent en bandes composées de plusieurs juments, de quelques poulains et yearlings et d'un seul étalon qui protège le groupe contre les prédateurs et les étalons rivaux. Ils sont naturellement peureux et méfiants à l'égard des humains, et quand un danger les menace, leur instinct est de s'enfuir plutôt que de se battre. Ils survivent grâce aux plantes qu'ils trouvent dans leur environnement; ils doivent souvent parcourir de longues distances pour trouver de l'eau et du pâturage. Ils vivent surtout dans des régions très éloignées, au climat rude et aux conditions de vie très rigoureuses. Seuls les plus résistants et les plus rusés arrivent à survivre.

Il y a des hardes de chevaux et de poneys ensauvagés dans plusieurs parties du monde, et on leur donne différents noms. Dans les plaines de l'Ouest américain, on les appelle Mustangs. En Australie, ce sont les Brumbies. Il y a même des chevaux ensauvagés qui vivent dans les déserts de Namibie, en Afrique du Sud, et dans les régions marécageuses de la Camargue, en France.

Certains chevaux ensauvagés vivotent sur des îles isolées. Un des plus connus, le poney Chincoteague, est une race qui vit sur les îles étroites de Chincoteague et d'Assateague, en face du Maryland et de la Virginie, au

© Christy Szemere

nord-est des États-Unis. La légende raconte que les poneys Chincoteagues ont échoué sur les îles lors du naufrage d'un galion espagnol au seizième siècle, mais il est plus probable qu'il s'agisse de descendants de chevaux ensauvagés abandonnés par des fermiers du continent, au dix-septième siècle, pour éviter de payer les taxes imposées aux propriétaires de chevaux. Sur les îles Chincoteague et Assateague, la vie est très difficile. Les tempêtes et les ouragans sont une menace constante et la végétation naturelle est coriace. Pour trouver de l'eau fraîche, les chevaux doivent creuser des trous dans le sable. Ces conditions rigoureuses sont responsables de la réduction de leur taille à celle d'un poney (environ 12 à 13 mains en moyenne), de leur robustesse et de leur intelligence.

D'autres populations de poneys vivent sur de petites îles parsemées le long de la côte est de l'Amérique du Nord. On retrouve le poney Banker de l'île Shackleford, au large de la côte de la Caroline du Nord, et le petit poney Sable Island, qui vit sur une île dans l'Atlantique, à 200 kilomètres à l'est de la côte de la Nouvelle-Écosse, au Canada. Ces poneys ont des caractéristiques similaires : petite taille, robustesse, et crinières et queues épaisses indisciplinées qui les protègent contre les éléments. Ils se méfient beaucoup des humains, mais lorsqu'ils sont capturés et domestiqués, ils peuvent devenir des compagnons extraordinaires pour les enfants.